KARINA PICON

Ilustrações: Rafael Sanches

A DESCOBERTA DOS DONS
Uma lição para toda vida

Dados Internacionais de Catalogação na Publicação (CIP)
(Câmara Brasileira do Livro, SP, Brasil)

Picon, Karina
 A descoberta dos dons : uma lição para toda vida / Karina Picon. -- 1. ed. -- Catanduva, SP : Boa Nova Editora, 2014.

 ISBN 978-85-8353-012-1

 1. Espiritismo - Literatura infantojuvenil 2. Kardec, Allan, 1804-1869 3. Literatura infantojuvenil I. Título.

14-10507 CDD-028.5

Índices para catálogo sistemático:

1. Espiritismo : Literatura infantil   028.5
2. Espiritismo : Literatura infantojuvenil   028.5

3ª edição
Do 8º ao 11º milheiro
3.000 exemplares
Julho de 2022

© 2015 - 2022 by Boa Nova Editora.

Ilustrações
Rafael Sanches

Diagramação
Juliana Mollinari

Revisão
Mary Ferranini
João Tabith

Coordenação Editorial
Ronaldo A. Sperdutti

Impressão
Gráfica Corprint

Todos os direitos reservados. Nenhuma parte desta obra pode ser reproduzida ou transmitida por qualquer forma e/ou quaisquer meios (eletrônico ou mecânico, incluindo fotocópia e gravação) ou arquivada em qualquer sistema ou banco de dados sem permissão escrita da Editora.

O produto da venda desta obra é destinado à manutenção das atividades assistenciais da Sociedade Espírita Boa Nova, de Catanduva, SP.

1ª edição: Abril de 2015 - 5.000 exemplares

Você sabe o que é Dom?

Dom é um presente de Deus, é aquilo que faz a gente brilhar de dentro para fora, é um talento, uma habilidade especial que todos nós temos para ajudar a transformar nosso mundo em um mundo melhor.

O fim de ano se aproximava, e as crianças se preparavam para as festas natalinas.

Guilherme e Francisco estavam na mesma classe, e nem imaginavam que Tia Cecília, a professora de música, teria o dom de ensinar-lhes uma lição que levariam para toda a vida.

Guilherme era uma criança muito criativa, adorava inventar histórias, gostava muito de brincar com fantoches, expressando as emoções dos personagens, fazendo-os rir, chorar, cantar e dançar. Adorava assistir a peças de teatro, emocionava-se com cada cena. O cinema era sua outra paixão, adorava assistir a filmes, conhecer novas histórias. E sempre que se sentia sozinho buscava a companhia de um livro e viajava no mundo da imaginação, tentando sempre desvendar a lição e a mensagem de cada história que lia.

Enquanto Guilherme vivia intensamente a vida, Francisco preferia ver a vida passar: ficava o dia todo na frente da TV, brincando de *videogame* e, quando se cansava de jogar, ia para a frente do computador. Sua vida era um tédio, sentia-se muito sozinho e triste no mundinho que criou para si mesmo.

Foi na aula de música que tudo aconteceu. Descobrir as notas musicais foi algo que despertou uma nova emoção em Francisco. Ele ficou encantado com os diferentes sons e vibrações que cada nota produzia.

Por outro lado, Guilherme, que tinha o dom para as notas musicais, criava melodias com seu violão que agradavam ao ouvido dos presentes, recebendo palmas entusiasmadas dos amiguinhos.

Tia Cecília, muito perspicaz, percebeu que Francisco, ao invés de admirar o dom de Guilherme, ficou irritado e, com toda a doçura do mundo, lhe disse:

– O que aconteceu, Francisco? Parece que você está irritado...

– Não é nada não, eu só não gostei dessa música – respondeu Francisco, todo mal-humorado, escondendo a verdade da professora.

– Não gostou da música ou será que, no fundo, você também gostaria de tocar violão tão bem quanto o Guilherme?

17

Tia Cecília, ouvindo toda a conversa, explicou:

– Meu querido, Deus deu um dom a cada pessoa. Ele não faz diferença entre Seus filhos. O dom de Guilherme é tocar violão, que, somado ao seu treino e esforço, faz dele um artista. Precisamos ajudar você a descobrir qual é o seu. Quando não conhecemos nossos verdadeiros dons e talentos, os dos outros nos incomodam muito, podendo surgir em nós o sentimento de inveja. À medida que reconhecemos os nossos, passamos a admirar, também, os dos outros e não mais invejá-los. Eis o segredo para transformar a inveja em admiração.

Francisco corou de vergonha e, com a voz engasgada, numa postura mais humilde, pediu:

— Tia Cecília, por favor, ajude-me a descobrir o meu dom, acho que no fundo fico só na TV e no computador porque acredito que só sei fazer isso. É como se todas as pessoas fossem melhores que eu, você me entende?

— Claro que sim. Olha aí, você está dando o primeiro passo para começar a descobrir o seu dom: está sendo verdadeiro consigo mesmo, fazendo uma autoanálise, ou seja, identificando tudo aquilo que existe no seu mundo interior e que ainda pode ser melhorado, transformado. Todos nós temos essa oportunidade.

23

Guilherme, que tinha certo conhecimento de si mesmo e por isso poderia ajudá-lo, observava tudo a certa distância, até que tomou coragem e arriscou:

– Eu estava aqui ouvindo tudo e percebi uma coisa, Francisco: seu tom de voz é firme, é seguro, talvez você não tenha nascido para tocar violão, mas sim para cantar...

E, como num passe de mágica, a feição de Francisco mudou, um tímido sorriso apareceu no canto de sua boca, ele ficou pensativo. Um misto de surpresa e alegria invadiu o seu ser.

Tia Cecília, mais que depressa, organizou os alunos numa roda, distribuiu os instrumentos musicais que ainda estavam disponíveis, e pediu para que todos tocassem e cantassem aquela velha música já conhecida por todas as crianças.

Francisco, ao invés de pegar um instrumento, limitou-se a acompanhar, com a batida do pé, o ritmo da música, como nunca havia feito antes, e deixou extravasar toda sua emoção ao cantar a música verdadeiramente com a alegria da alma. Sua voz destacou-se da dos demais amigos, era como se esse talento estivesse sido despertado, e para a surpresa de todos, lágrimas escorreram por seu rosto no fim da música, enquanto seu nome era bravamente repetido por todo o grupo.

A emoção foi geral e, como no fim de uma peça teatral, todos se abraçaram, expondo seus sentimentos e emoções de uma forma inédita. A partir desse dia, os alunos de Tia Cecília não seriam mais os mesmos...

Com o seu dom de ensinar, seu carinho e sua dedicação, Tia Cecília, juntamente com Guilherme, criança amorosa e observadora, plantou a sementinha dos dons e talentos em cada criança daquele grupo, dando a elas a oportunidade de reconhecer, valorizar e utilizar suas potencialidades em favor da humanidade.

Fim

E você, já descobriu algum de seus Dons e Talentos?

Faça como Guilherme e Francisco, mergulhe em suas emoções e descubra-se. Lembre-se sempre de que Você é uma Estrelinha de Deus e nasceu para brilhar e ser feliz!!!

Desenhe aqui o que faz você brilhar e ser feliz, boa sorte!!!